VESTES, PULLS, CHEMISES...

RÉCUPÉREZ RECYCLEZ !

Les P'tites Mains de Paris

VESTES, PULLS, CHEMISES...

RÉCUPÉREZ RECYCLEZ !

15 modèles faciles à coudre

Éditions marie claire

AVANT-PROPOS

Vous en avez marre de jeter des vêtements usagés ou qui ne vous vont plus ? Recyclez-les !

Vous trouverez dans ce livre de nombreuses techniques permettant d'adapter, customiser et moderniser vos vêtements. Des modifications simples et accessibles à tous.

Depuis plusieurs années, c'est le retour de la seconde main. Ce principe, aussi appelé « friperie », permet de se procurer des pièces, actuelles ou vintage, à moindre coût, tout en participant à un effort écologique.

En effet, l'industrie textile pollue énormément, et les tendances évoluent sans cesse. Ce qui nous pousse à changer, racheter et jeter nos vêtements avant même de les avoir abîmés.

Ce livre contient des explications vous montrant comment adapter une veste masculine en un ensemble féminin super tendance ou encore comment transformer une vieille veste militaire trouvée dans un grenier en un tote-bag très contemporain.

Je vous propose également des idées pour customiser et rendre uniques vos vêtements. Qu'il s'agisse d'un trou, d'un pantalon trop serré ou d'un foulard inutilisé. À vous de jouer pour les remettre à votre goût, en seulement quelques coups de ciseaux !

Rejoignez-moi à votre tour pour inventer une nouvelle mode fondée sur le recyclage.

Maintenant que je viens de vous expliquer le concept, suivez-moi ! Je vais vous montrer tout ce qu'on peut faire ensemble.

SOMMAIRE

INTRODUCTION

INTRODUCTION

Le matériel indispensable

Une machine à coudre
Une grande paire de ciseaux pour tissu
Une petite paire de ciseaux de couturier
Une bobine de fil
Une aiguille à coudre
Un dé à coudre
Une boîte d'épingles fines
Un stylo magique (Frixion effaçable à la chaleur)
Un mètre ruban gradué
Une règle graduée de 30 cm
Un fer à repasser
Une table à repasser
Et surtout plein de vêtements à recycler !

Le sens du tissu

Dans la famille des tissus, on trouve deux grandes catégories de tissage. Il y a d'un côté la maille, c'est-à-dire les tissus que l'on tricote, et de l'autre le chaîne et trame, qui consiste à entrecroiser des fils dans le sens chaîne (parallèle à la lisière du tissu) et dans le sens trame (perpendiculaire à la lisière). C'est ce que l'on appelle l'armure d'une étoffe. Il existe plusieurs types d'armures dont les principales sont le satin, le sergé et la toile. Les fils s'entrecroisent donc différemment selon l'armure choisie.

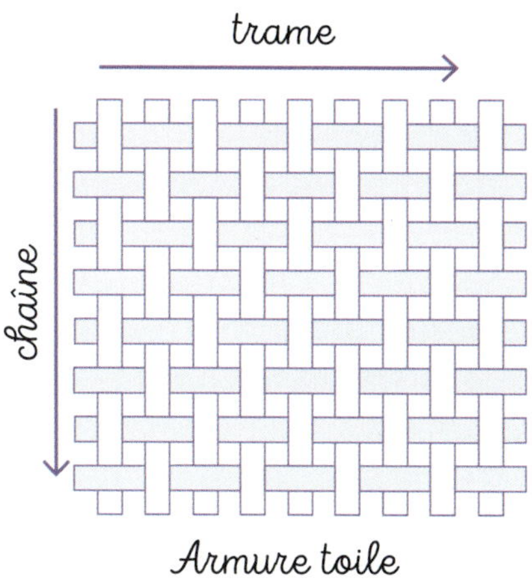

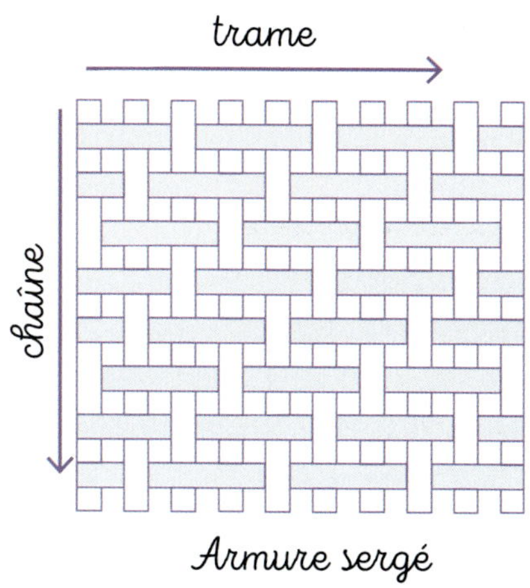

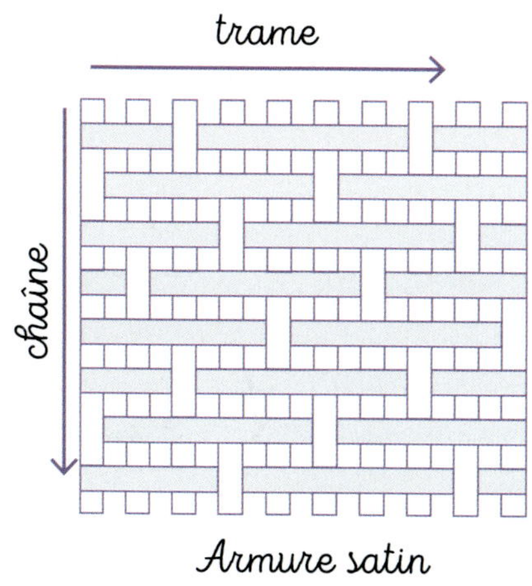

Pour connaître le sens d'un tissu, il faut suivre ce que l'on appelle le droit-fil, et qui longe le sens de la chaîne. Par déduction, il est toujours parallèle aux deux lisières (bordures à gauche et à droite du tissu). C'est souvent le sens dans lequel le tissu est le plus solide. Le biais, quant à lui, correspond à la diagonale du tissu (à 45° par rapport au droit-fil). C'est dans ce sens que le tissu est le plus extensible et modelable.

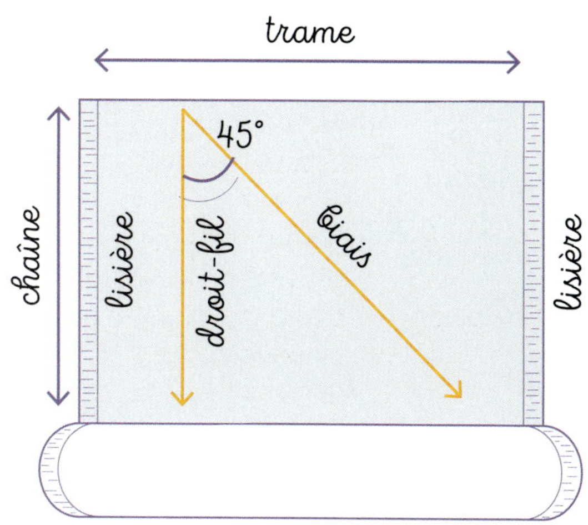

Il est primordial de repérer le droit-fil d'un tissu pour pouvoir couper les pièces dans le bon sens. Attention !! Il ne faut jamais placer les pièces tête-bêche si le tissu comporte une brillance ou si le toucher est différent lorsque vous passez la main de haut en bas puis, de bas en haut. Dans ces cas, il faut toutes les placer dans le même sens.

Coupez les pièces lorsque vous êtes certain que leur droit-fil (matérialisé par une flèche) est parfaitement parallèle à celui du tissu.

L'épinglage

Les épingles seront vos meilleures alliées pour maintenir plusieurs épaisseurs entre elles avant de coudre à la machine. Pour réaliser cette étape de l'épinglage, munissez-vous d'un dé à coudre. Il vous sera nécessaire pour planter les épingles sans vous piquer. Positionnez le dé sur le majeur droit (pour les droitiers) ou le majeur gauche (pour les gauchers). Tenez l'épingle entre l'index et le pouce, et introduisez-la dans le tissu en la poussant du majeur. Veillez à bien transpercer toutes les épaisseurs, de manière à stabiliser toutes les pièces entre elles.

Placez les pièces à assembler endroit contre endroit et positionnez les épingles perpendiculairement à la ligne de couture.

Pour éviter de casser l'aiguille de la machine à coudre, essayez de retirer les épingles au fur et à mesure de la couture.

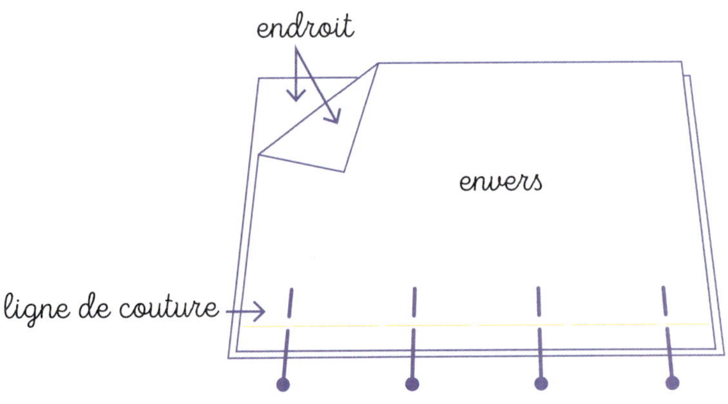

Le repassage

Avant toute chose, vérifiez que le fer à repasser est bien réglé pour que la température se prête parfaitement à la matière que vous allez travailler. Une trop forte température pourrait brûler ou faire fondre la matière, si le tissu choisi est fragile. Au contraire, une température trop basse n'aura aucun effet sur un tissu épais.

Une fois le fer chaud, utilisez-le pour repasser toutes les coutures au fur et à mesure de l'assemblage. Votre travail sera plus net et propre. Vous pouvez ouvrir ou bien coucher les marges de couture vers un côté, selon votre préférence et les contraintes techniques de votre projet.

Vous pouvez utiliser la vapeur du fer pour bien écraser les coutures et éviter les épaisseurs.

Mais attention à ne pas en abuser, pour ne pas fragiliser le tissu.

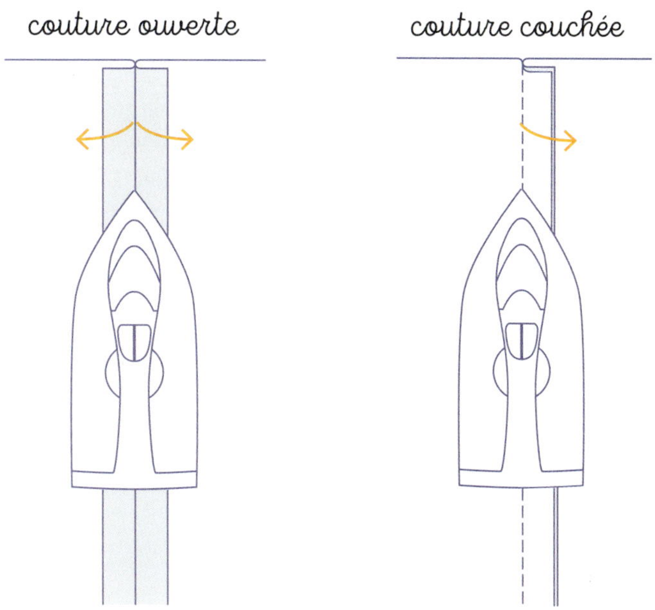

Les points de base à la main

Le **point d'ourlet invisible** consiste à effectuer de petits points par alternance contre l'envers du corps et le long de la marge de couture repliée. Ces petits points doivent être très légers pour être presque invisibles depuis l'endroit et assez lâches pour ne pas déformer l'ourlet.

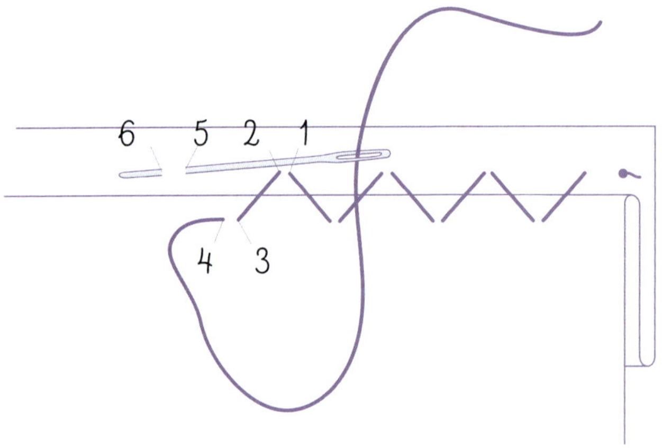

Le **point de bâti**, aussi appelé **point avant**, permet de tracer une ligne de repère sur une pièce ou bien d'assembler rapidement deux éléments entre eux. Ce point nécessite d'être régulier. C'est un point lâche et provisoire.

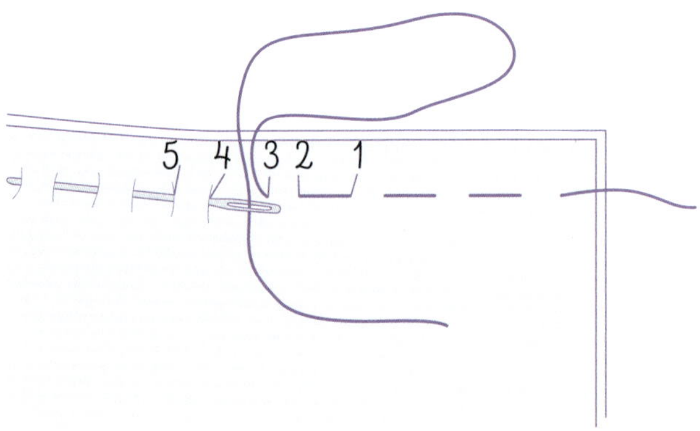

Le **point coulé** ou **glissé** est un point qui sert à assembler deux éléments à la main tout en simulant une piqûre machine. Il peut également être employé pour fermer une ouverture ou pour fixer une doublure. Le principe est de poser bord à bord deux rentrés et de piquer l'aiguille exactement dans la pliure. Ce point doit être assez serré et très petit afin de ne laisser aucun espace ouvert.

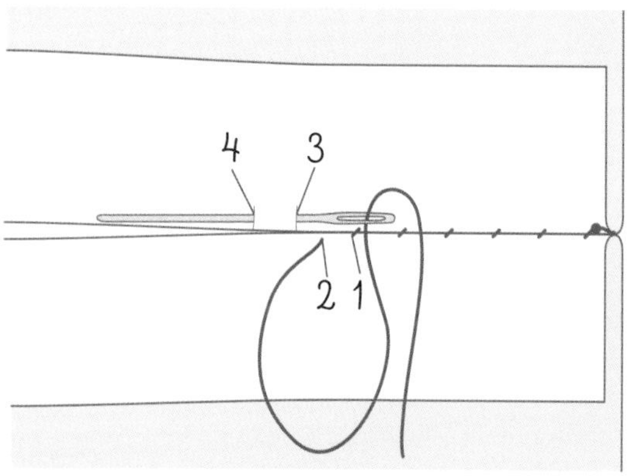

Le **point arrière** est un point qui est très solide et pouvant remplacer le point droit de la machine à coudre. Il faut essayer d'être régulier dans son exécution pour garantir une finition propre et solide.

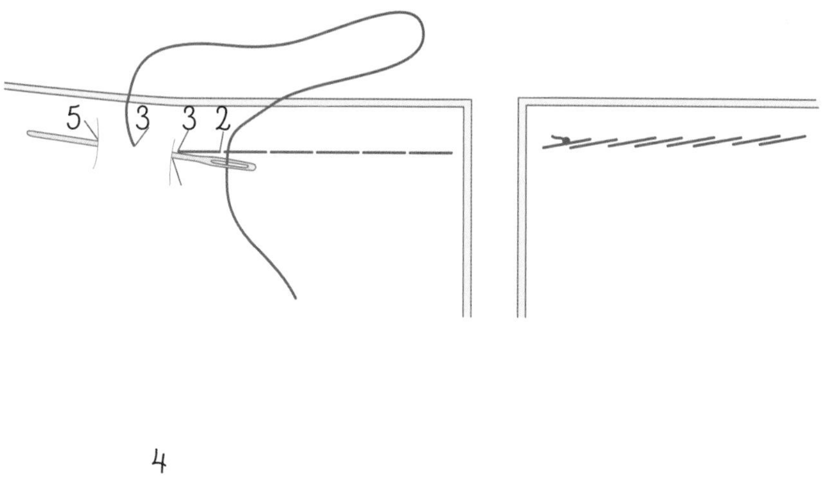

Le **point de chausson** est au départ un point décoratif de broderie. En couture, il est utilisé pour les ourlets des pièces coupées dans un tissu épais.

Il se réalise de gauche à droite et consiste à croiser son fil de façon à former un enchaînement de croix. La régularité est de rigueur pour garantir une bonne solidité.

Version 1

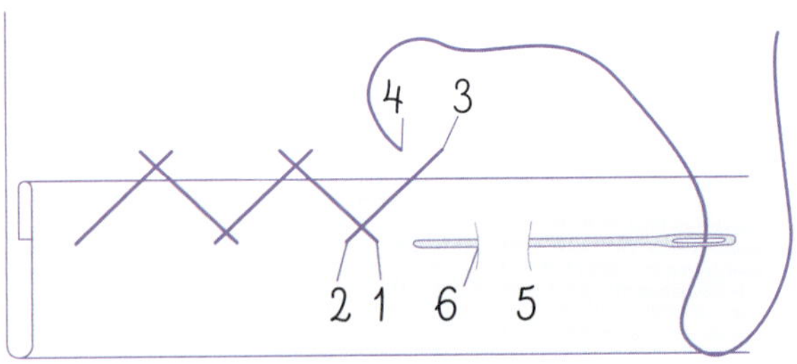

Version 2

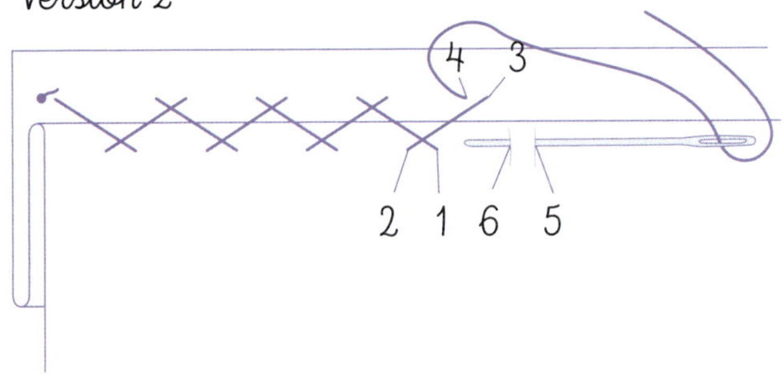

Fixation d'un bouton

Enfilez une aiguillée de fil à double, ce qui veut dire qu'il faut passer deux fils dans le chas de l'aiguille. De cette manière, le bouton sera fixé plus solidement qu'avec un seul fil.

Le principe consiste à passer par alternance dans les trous du bouton et dans le tissu. Il faut répéter plusieurs fois cette opération pour que le bouton soit bien accroché. Lorsque cette étape est terminée,

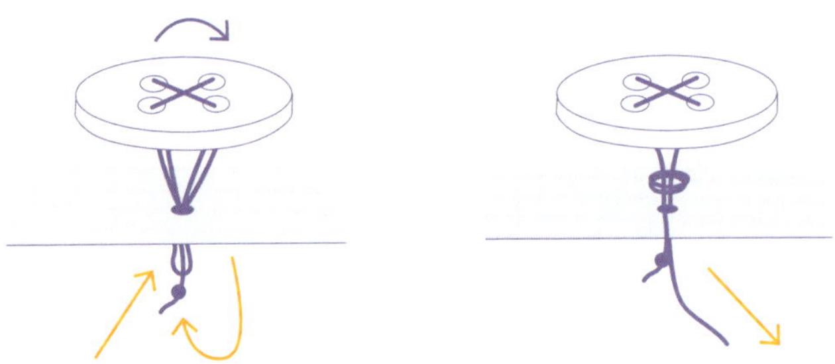

il faut enrouler le fil sous le bouton, autour des points réalisés précédemment, afin de consolider la couture. Cela évitera que le bouton se détache facilement.

Pose d'une fermeture à glissière

1 Épinglez un des rubans de la fermeture à glissière le long d'un des côtés décousus de votre vêtement, endroit contre endroit et entre les repères. Si besoin, vous pouvez faire un point de bâti pour pouvoir ôter les épingles.

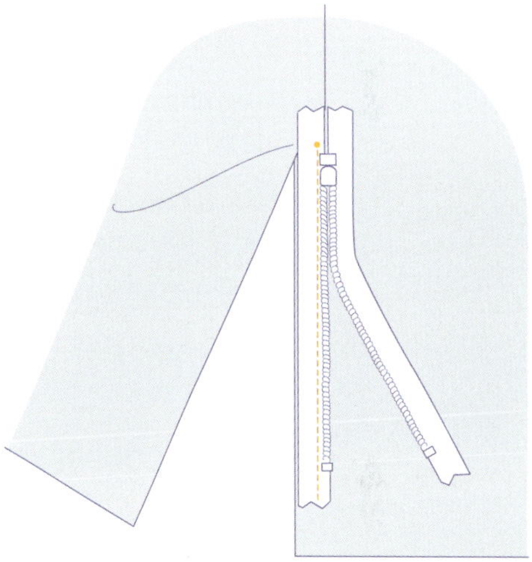

2 Ouvrez la fermeture à glissière dans sa quasi-totalité et piquez à la machine en utilisant de préférence un pied presseur adapté, car les mailles peuvent vous gêner. Arrêtez le point exactement là où commence la couture qui n'a pas été décousue.

3 De la même manière, assemblez le deuxième ruban de la fermeture le long de l'autre côté décousu du vêtement.
Vérifiez que la fermeture est bien cousue solidement sur toute sa longueur.

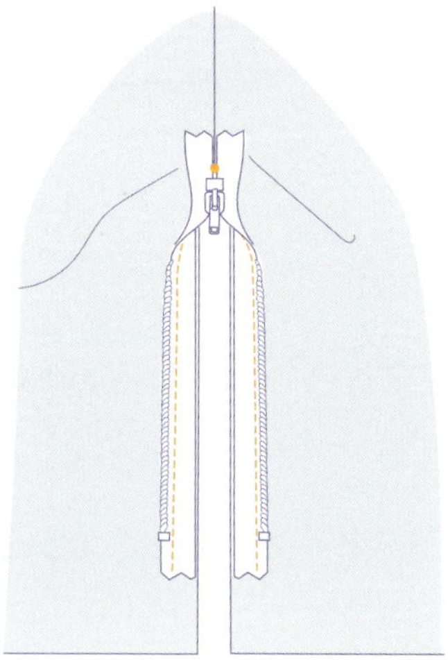

Si votre tissu est composé de raccord, vérifiez qu'ils se font face des deux côtés de la fermeture.

4 Repassez vos coutures depuis l'endroit, sans utiliser trop de vapeur pour ne pas faire fondre les éléments en plastique de la fermeture à glissière.
Faire et défaire reste du travail. N'hésitez pas à vous entraîner plusieurs fois pour devenir une experte de la fermeture à glissière !

Les astuces tissus

COMMENT COUDRE LE JEAN

Dans un premier temps, vérifiez que votre machine à coudre supporte les épaisseurs, car le tissu jean est assez robuste. Il faut donc se munir d'un équipement assez performant pour que l'aiguille arrive sans difficulté à transpercer le tissu.

Utilisez une aiguille spéciale jeans. Sinon l'aiguille risque de se casser ou de se tordre.

Choisissez un fil à coudre résistant, comme le fil câblé, pour éviter que les coutures cassent. Ce fil étant assez épais, il permettra également d'obtenir des surpiqûres bien visibles sur l'endroit.

Allongez légèrement le point en faisant des essais de réglages sur une chute de tissu.

COMMENT COUDRE LES SEQUINS

Tout d'abord, utilisez un ciseau robuste pour couper les pièces. Attention à ne pas prendre vos ciseaux habituels, car vous pourriez endommager les lames en coupant sur les sequins.

Ne pliez pas votre tissu en deux, mais posez-le bien à plat pour couper les pièces.

Lorsque vous épinglez vos pièces, disposez-les toutes dans le même sens pour que l'orientation des sequins soit identique.

Une fois les pièces coupées, retirez/décousez les paillettes placées dans la valeur de couture. Cette opération est assez fastidieuse et longue, mais elle est nécessaire pour que le montage soit facile et rapide.

Pensez à utiliser une pattemouille pour repasser, et ainsi éviter d'abîmer les sequins.

COMMENT COUDRE LA MAILLE

Utilisez de préférence une surjeteuse, car elle réalise des coutures permettant de conserver l'extensibilité de la maille. Elle permet également de réaliser deux opérations en une seule étape : la couture de montage et le surjet des bords. C'est donc un gain de temps que l'on ne peut pas négliger.

Toutefois, une machine à coudre familiale peut tout à fait remplacer la surjeteuse. Dans ce cas, assurez-vous qu'elle propose un point extensible pour le montage (comme le point stretch ou le point zigzag) et un point de surjet (aussi appelé point overlock) pour surfiler les bords.

Évitez les fils en coton qui pourraient casser. Préférez un fil polyester ou un fil mousse spécialement conçu pour les matières extensibles.

Munissez-vous d'une aiguille spéciale jersey pour éviter que des points sautent au moment de la couture.

COMMENT DÉCOUDRE FACILEMENT UN POINT DE COUTURE

Le point avant

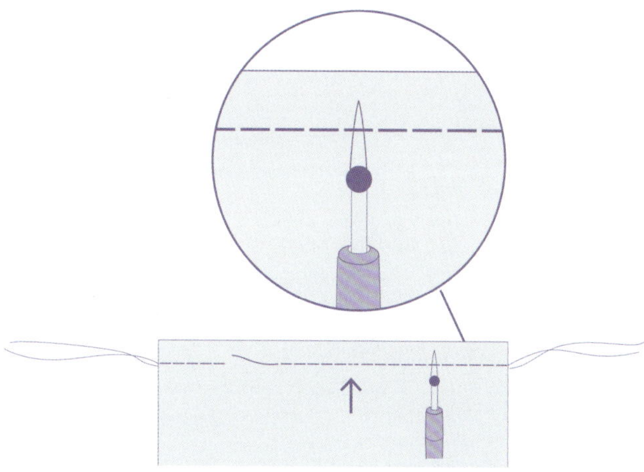

À l'aide d'un découd-vite, coupez un point de couture sur une des deux faces de l'ouvrage. Défaites les quelques points suivants sans couper le fil. Puis, coupez à nouveau quelques points plus loin. Tirez tout doucement sur le fil que vous venez de défaire pour retirer la couture. Répétez jusqu'à défaire la totalité de la couture. Plus la couture est serrée et le point petit, plus vous devrez couper à intervalles réguliers et proches.

De l'autre côté de l'ouvrage, retirez le second fil de la couture.

Le point de surjet

Le point de surjet sur un ouvrage est composé de 3 ou 4 fils, c'est-à-dire deux fils de boucleur et un ou deux fils d'aiguille.

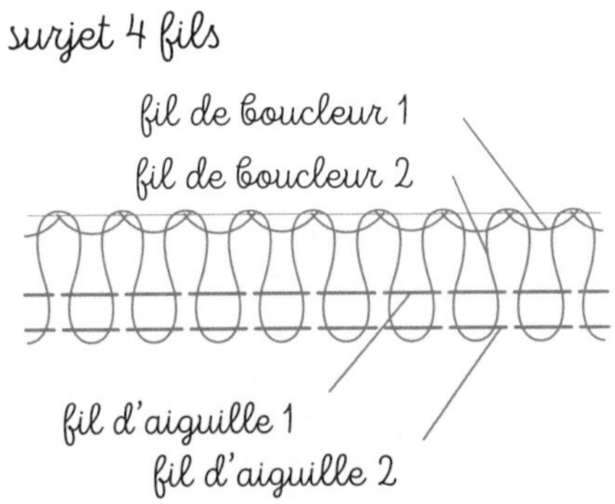

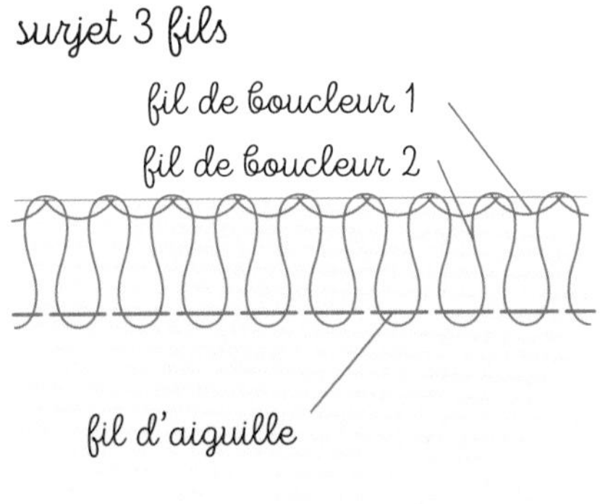

Pour pouvoir découdre facilement votre surjet, il va falloir retirer en premier le(s) fil(s) d'aiguille. Il s'agit de la couture longeant parallèlement le bord du tissu. À l'inverse, les fils de boucleur recouvrent le bord franc du tissu.

Glissez la pointe d'un découd-vite entre deux boucles et sous le(s) fil(s) d'aiguille et coupez sans toucher aux boucles. Défaites les quelques points suivants, toujours du fil d'aiguille. Puis, coupez à nouveau quelques points plus loin. Tirez doucement sur le(s) fil(s) d'aiguille que vous venez de défaire pour retirer la couture. Répétez jusqu'à défaire la totalité de la couture. Il ne vous reste plus qu'à retirer à la main les fils de boucleur.

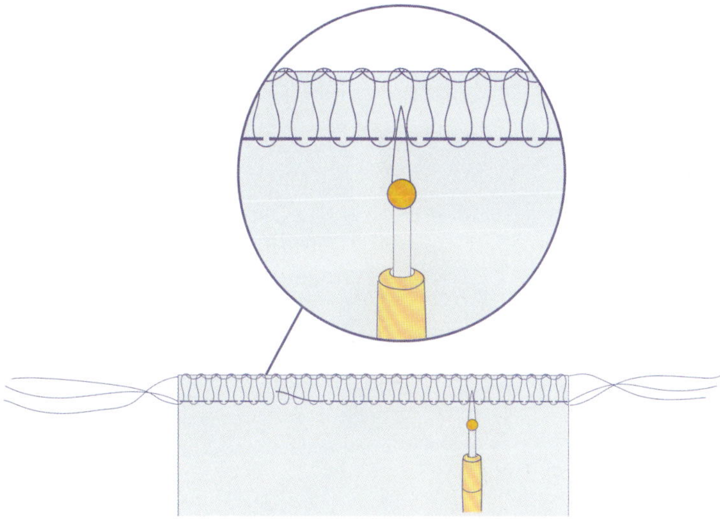

CHANGEMENT DE STYLE

PROJET 1

LA CHEMISE Bérangère

Transformation d'une chemise masculine en une blouse féminine et cintrée, dos-nu et comportant un lien dans le dos

Et encore une chemise que vous ne portez plus...

Que ce soit celle de votre père, de votre chéri ou autre, je vous propose de récupérer toutes ces chemises laissées tristement à l'abandon. Pour en faire quoi ? Une chemise nouée devant façon cow-boy ? Du déjà-vu me direz-vous ! Eh bien, pas seulement ! Venez voir la subtilité au dos. Surprise ! Elle se noue dans le dos et vous ceinturera la taille à merveille ! Et que vois-je en plus ? Un dos-nu, tout à fait. J'y ai aussi fait une découpe dans le dos pour un style un peu plus glamour.

Alors qu'en dites-vous ?

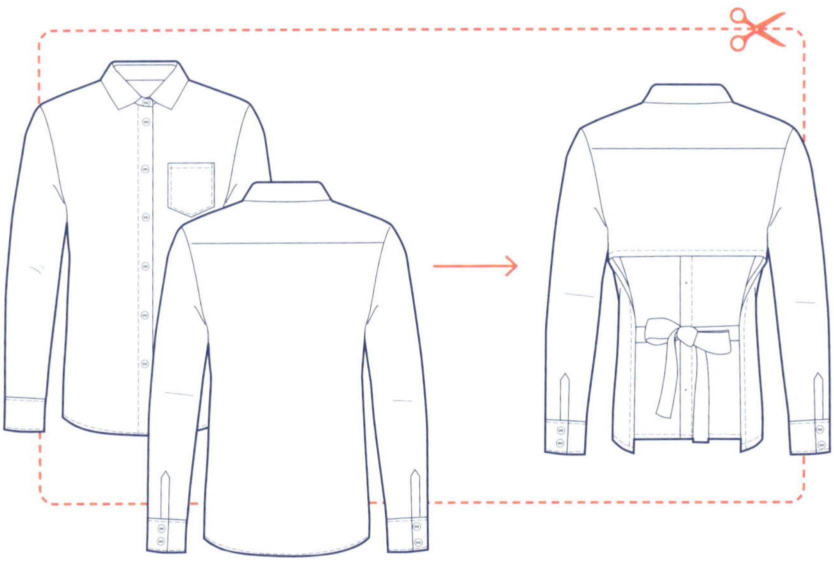

Fourniture

→ Une chemise homme

Réalisation

1 Dépiquez les deux coutures côté jusqu'à 3 cm en dessous de l'emmanchure.

2 À l'aide d'une craie tailleur ou d'un feutre effaçable, tracez une ligne sur l'endroit du dos (en ligne droite ou en légère courbe, selon votre envie), en commençant et en vous arrêtant au niveau des coutures de côté, à 3 cm sous l'emmanchure.

3 Coupez le dos à 1 cm en dessous de la ligne de découpe.

4 Effectuez un ourlet le long de la découpe en repliant deux fois sur 0,5 cm. Surpiquez le bord.

5 Surfilez (si ce n'est pas déjà fait) la valeur de couture des côtés devant. Pliez-la vers l'envers et piquez.

NB : Selon le mode d'assemblage initial de la chemise sur les côtés (couture ouverte, couture anglaise, couture couchée, etc.), vous aurez probablement besoin de cranter les valeurs de couture, exactement sur le dernier point de couture, à 3 cm, pour pouvoir écarter correctement les bords et réaliser les nouvelles finitions.

6 Dans la chute du dos de la chemise, coupez deux bandes de 8 cm de large et les plus longues possibles, afin de réaliser les deux liens pour le dos. Les deux bandes doivent toutefois être identiques en longueur.

7 Pliez chaque bande en deux dans le sens de la longueur, endroit contre endroit, et piquez à 1 cm du bord, sur le long côté à l'opposé de la pliure. Retournez sur l'endroit, effectuez un rentré aux deux extrémités et fermez à la main.

8 Glissez une extrémité des deux liens sous les coutures de côté, au niveau de la taille, et sur environ 1 cm, puis piquez solidement.

PROJET 2

LA ROBE *Amandine*

Transformation d'une veste masculine en une robe féminine et dos nu

Marre de voir vieillir cette veste bleue dans le placard de mon mari ! Le tissu me plaît et j'ai dans l'idée de me faire une robe dos nu. Je m'y vois déjà ! Sans plus attendre, je sors la machine et c'est parti. Je visualise la découpe du dos qui me convient, une découpe américaine à l'emmanchure, quelques coups de ciseaux plus tard, j'ai l'impression qu'elle n'attendait que moi, cintrée ainsi à ma taille. Oups... je n'ai même pas prévenu Chéri, il s'en apercevra bien un jour, ou pas...

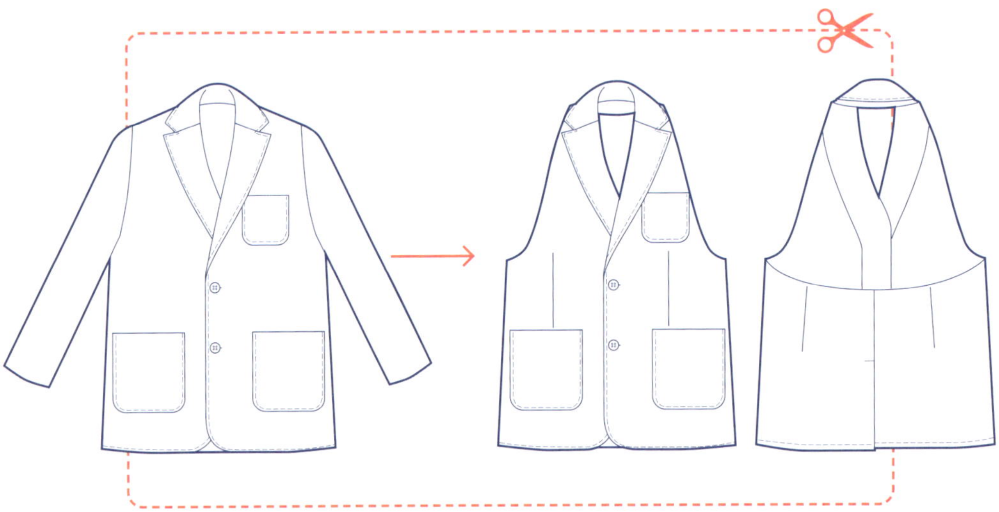

ONE

Fourniture

→ Une veste homme doublée et assez longue

Réalisation

1 Mettez la veste à plat, le dos face à vous et tracez la ligne milieu dos avec un feutre effaçable ou une craie tailleur.

2 Définissez la profondeur du dos-nu et marquez un repère le long de la ligne milieu dos.

3 Marquez un autre repère, toujours sur le dos, à environ 3-4 cm de l'encolure.

4 Tracez la découpe dos/devant sur le côté gauche, pour commencer, en vous aidant des différents repères. Au niveau du col, tracez une ligne parallèle à l'encolure depuis le milieu dos jusqu'à la couture d'épaule. Continuez ensuite le tracé sur le devant, de manière à dessiner une emmanchure américaine assez échancrée. Partez de l'épaule et rejoignez la couture côté. Si la veste comporte des poches, essayez de les éviter. Terminez en reliant le point côté avec le point milieu dos en légère courbe. Reportez la découpe sur le côté droit, en veillant à ce que les deux côtés soient parfaitement symétriques.

5 Coupez à 1 cm du tracé en transperçant à la fois le cops extérieur et sa doublure. Épinglez au préalable les deux épaisseurs pour éviter tout décalage.

6 Si besoin, retouchez les côtés et/ou les pinces pour que le modèle s'ajuste parfaitement à votre morphologie. Pour cela, retournez la veste sur l'envers, et effectuez séparément les modifications sur le corps extérieur et la doublure. S'il est nécessaire de cintrer davantage, les boutons milieu devant peuvent être déplacés.

7 Replacez le vêtement sur l'endroit. Effectuez un repli de 1 cm le long de la découpe, sur le corps extérieur et la doublure. Posez les deux replis l'un contre l'autre et bord et bord. Surpiquez ou bien effectuez un point à la main pour fermer la grande ouverture.

3 PROJET

LA CHEMISE *Ninon*

Transformation d'une chemise femme classique en une chemise courte originale comportant un laçage à la taille

Je trouve ce chemisier si banal, sans style... Et mon envie de création explose, pourquoi ne pas en profiter ? Je me lance, le changement c'est maintenant ! Je modernise la coupe en remontant mon ourlet jusqu'à la ligne de taille. Après tout, il fait beau et mon nombril voulait prendre l'air. Et je serre et desserre à volonté grâce à un système de lien que je noue plusieurs fois autour du ventre. Je sais, ça en jette...

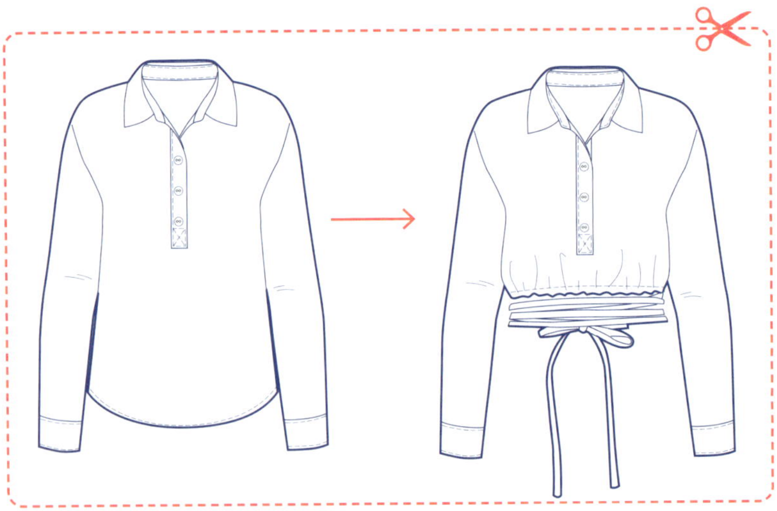

Fourniture

- Une chemise femme à sa taille

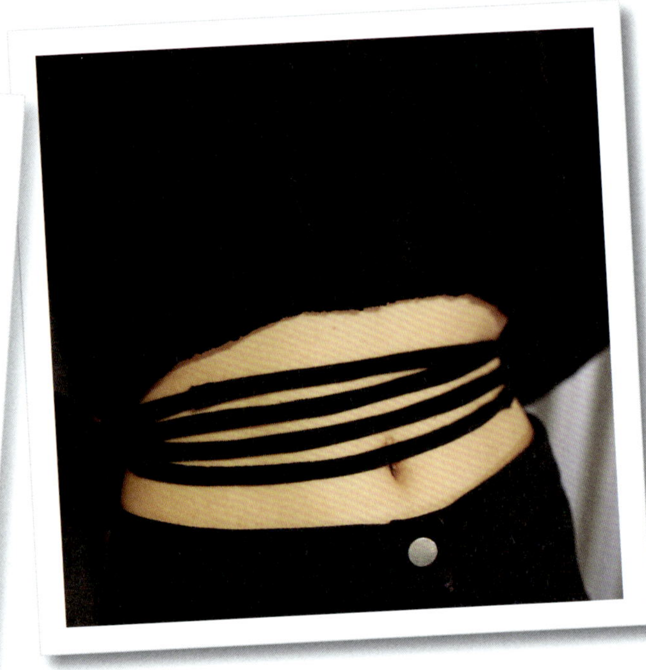

Réalisation

1 À l'aide d'un feutre effaçable ou d'une craie tailleur, tracez une ligne parfaitement horizontale sur le bas du devant et du dos, de façon à raccourcir la chemise. Placez cette ligne à mi-chemin entre la ligne de poitrine et la ligne de taille, pour qu'une fois portée, le ventre et le nombril soient apparents.

2 Coupez à 2,5 cm sous le trait.

3 Sur le bas, effectuez un ourlet en repliant le bord sur 1 cm, puis sur 1,5 cm. Surpiquez en laissant une ouverture de 3-4 cm sur un des côtés. Cet ourlet servira également de coulisse pour insérer le lien et resserrer le bas du vêtement.

4 Dans les chutes de tissu, coupez plusieurs bandes de 4 cm de large et les plus longues possibles.

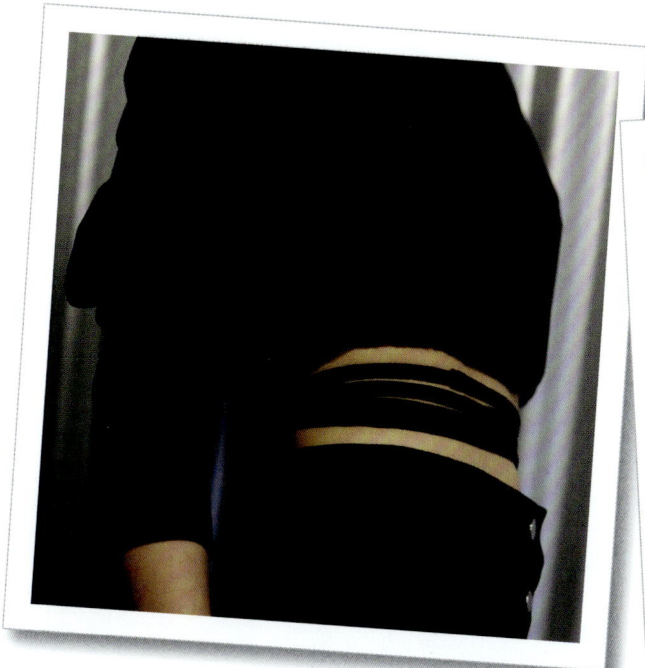

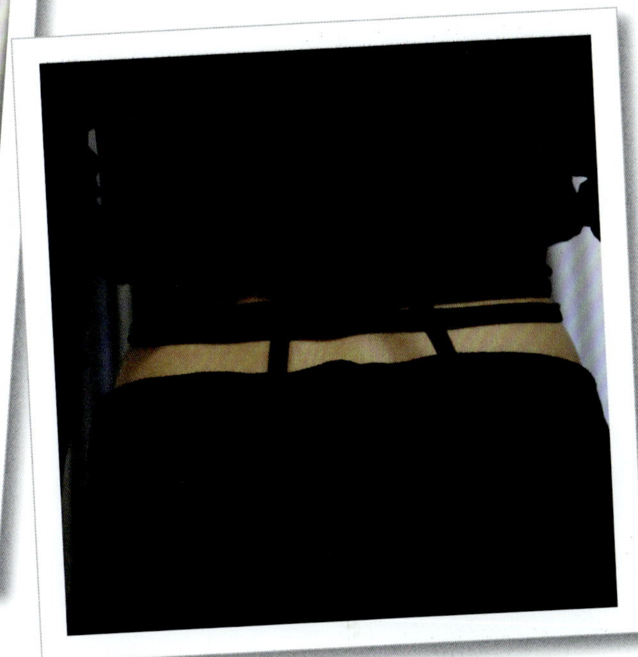

Assemblez toutes les bandes entre elles par les extrémités, endroit contre endroit, pour former une seule longue bande. Elle doit pouvoir faire au moins 5 fois le tour de la taille.

5 Repliez cette longue bande en quatre, pour former un lien de 1 cm de large. Réalisez un rentré aux deux extrémités et surpiquez le bord.

6 À l'aide d'une épingle de nourrice, insérez le lien dans l'ourlet. Faites en sorte que les deux extrémités dépassent de la même longueur au niveau de l'ouverture.

7 Tirez sur le lien pour resserrer le vêtement, puis enroulez le reste autour de la taille et faites un nœud dans le dos.

DU MASCULIN AU FÉMININ

L'ENSEMBLE Oscar

Transformation d'une veste tailleur masculine en un ensemble féminin composé d'une veste tailleur et de sa jupe

Quoi de mieux qu'une veste tailleur à la coupe très 80's pour me faire un ensemble actuel ? Je la coupe sous la ligne de poitrine et, en bas, j'en fais une jupe portefeuille. BINGO ! La veste est assez longue pour transformer cet ensemble en tenue féminine tout en gardant l'esprit de la veste de base à la coupe masculine. Que la mode se tienne bien, j'arrive !

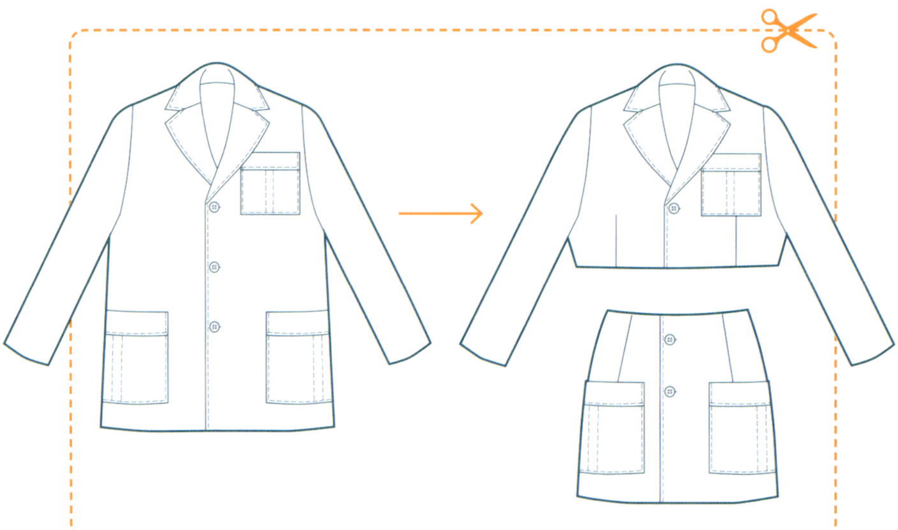

Fourniture

→ Une veste homme classique

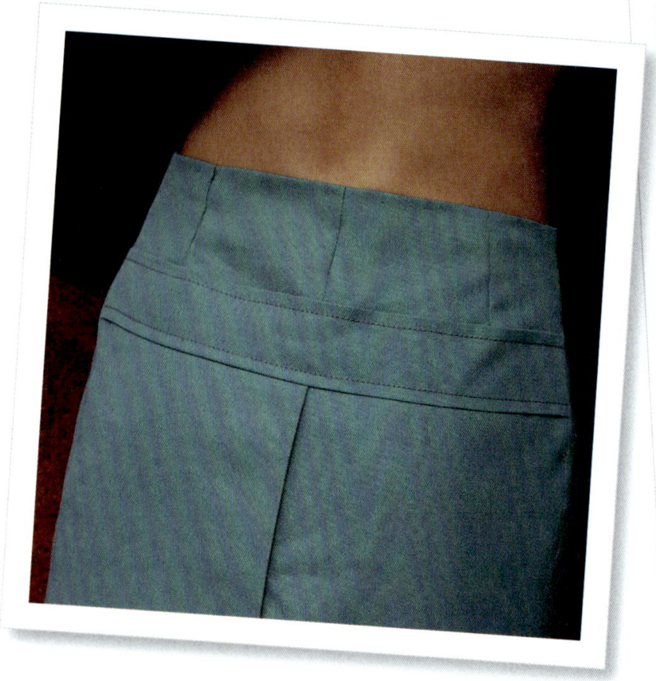

Réalisation

1 À l'aide d'un feutre effaçable ou d'une craie tailleur, tracez une ligne parfaitement horizontale sur le devant et le dos, de façon à diviser la veste en deux. Placez cette ligne à environ 40 cm en partant de l'épaule. Ajustez sa position de façon à ne pas traverser une boutonnière ou une poche.

2 Coupez sur le tracé en transperçant à la fois le corps extérieur et sa doublure. Épinglez au préalable les deux épaisseurs pour éviter tout décalage. La partie supérieure correspond à la veste et la partie inférieure correspond à la jupe.

3 Pour la **jupe**, réalisez les retouches nécessaires pour cintrer la jupe, en reprenant les côtés et/ou les pinces. Pour cela, retournez la jupe sur l'envers, et effectuez séparément les modifications sur le corps extérieur et la doublure.

4 Déplacez également les boutons du devant pour pouvoir croiser les deux pans et obtenir une jupe portefeuille.

5 Conservez la jupe sur l'envers et épinglez la jupe extérieure et la doublure par la taille, endroit contre endroit. Piquez à 1 cm du bord en laissant une ouverture d'une dizaine de centimètres sur un côté.

6 Retournez la jupe sur l'endroit, en passant par l'ouverture, puis fermez-la à la main.

7 Repassez.

NB : Si la croisure des pans de jupe sur le devant est trop importante, vous aurez besoin de coudre un bouton contre la face intérieure du pan placée au-dessus et de réaliser une boutonnière le long du bord devant placée en dessous.

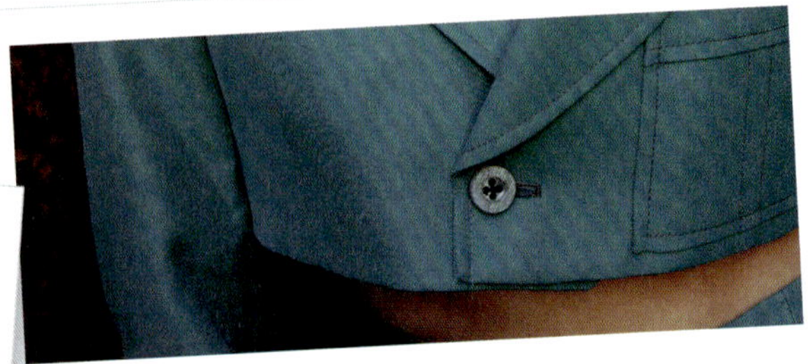

8 Pour la **veste**, déplacez le/les boutons devant pour cintrer suffisamment le bas.

9 Retournez la veste sur l'envers et assemblez le long de la taille comme pour la jupe, c'est-à-dire en laissant une ouverture sur un côté.

10 Repassez.

6 & 7 PROJETS

L'ENSEMBLE *Alix*

Transformation d'un pull over-size masculin en un ensemble féminin, composé d'un sweat et d'une jupe

Que vois-je au fond de ce dressing, caché en boule qui prend la poussière et qui n'attend que moi ? Ce fameux pull devenu inutile et sans intérêt !

Le jeter ? Sûrement pas ! Les crop tops sont de sortie et mes jambes aussi ! Un coup de ciseaux plus tard, voilà mon pull délaissé transformé en un ensemble aussi confortable que moderne. Pourquoi n'y avais-je pas pensé avant ?

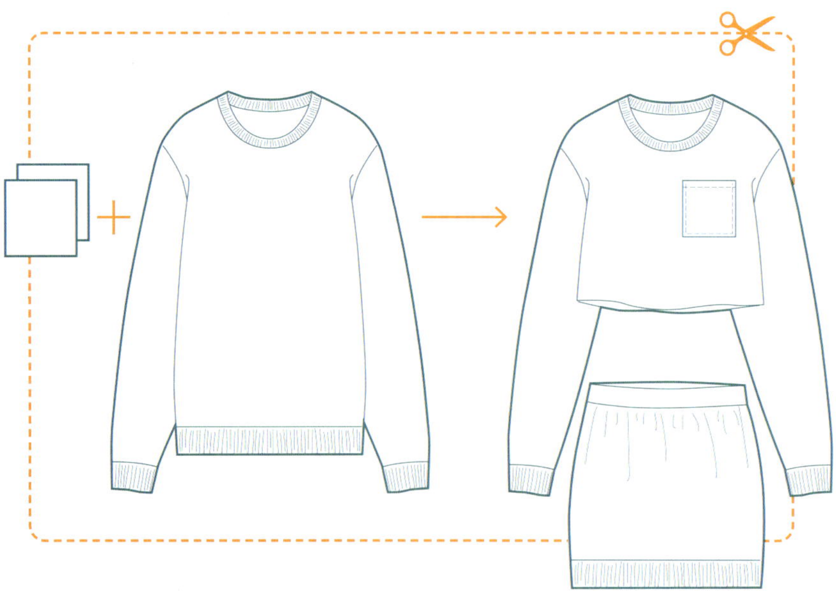

New York

New York

Fournitures

- Un sweat homme assez large et long
- Un élastique plat assorti de 5 cm de large (longueur à définir selon sa taille)
- Une chute de tissu pas trop épais pour la poche plaquée

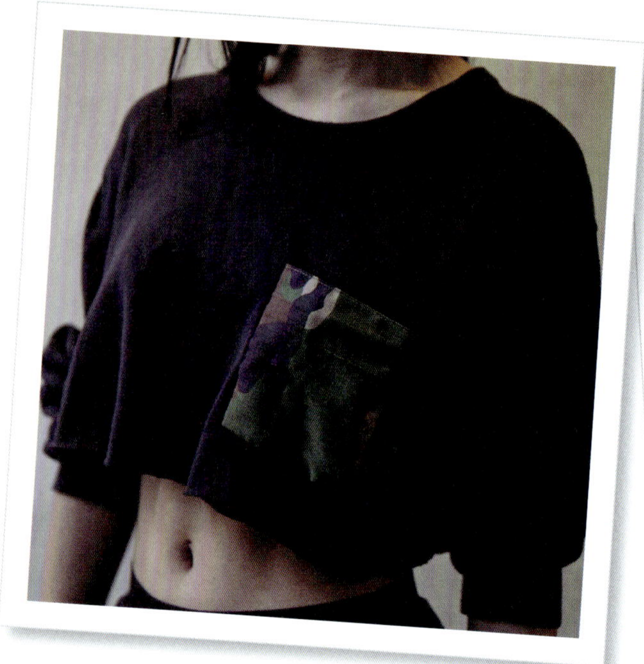

Réalisation

1 À l'aide d'un feutre effaçable ou d'une craie tailleur, tracez une ligne parfaitement horizontale sur le devant et le dos, de façon à diviser le sweat en deux. Placez cette ligne à environ 42 cm en partant de l'épaule. Ajustez sa position selon la longueur souhaitée du futur sweat.

2 Coupez sur le tracé. La partie supérieure correspond au sweat et la partie inférieure correspond à la jupe.

3 Pour le **haut**, le tissu sweat ne s'effilochant pas, le bord peut rester franc, sans finitions.

4 Sur du papier, tracez un rectangle d'environ 8 x 10 cm (pour la poche). Ajoutez 1 cm de valeur de couture tout autour.

5 Dans la chute de tissu pas trop épais, coupez 2 fois le gabarit de la poche.

6 Superposez les deux poches, endroit contre endroit, et piquez tout autour en laissant une ouverture sur le bord supérieur.

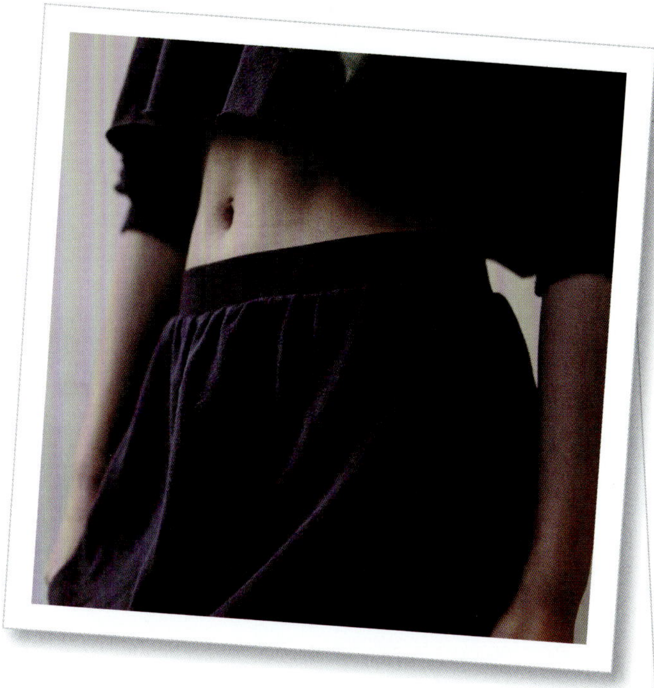

7 Retournez sur l'endroit et surpiquez le bord supérieur pour fermer l'ouverture.
Posez la poche sur le sweat, au niveau de la poitrine et piquez les côtés et le bas à la main ou à la machine.

8 Pour la **jupe**, retouchez les côtés si nécessaire, pour éviter d'avoir trop de fronces à la taille.

9 Prenez l'élastique dont sa mesure correspond à « votre tour de taille - 10 cm ».

10 Superposez les deux extrémités de l'élastique, sur environ 1,5 cm et piquez pour le fermer en cercle.

11 Marquez 4 repères à égale distance le long de l'élastique et à la taille de la jupe.

12 Épinglez l'élastique sur la jupe, endroit contre endroit, en faisant correspondre les repères. Piquez en étirant l'élastique pour que sa mesure corresponde à celle de la jupe. Choisissez un point extensible sur votre machine à coudre, et piquez à 1 cm du bord, puis surjetez, ou bien assemblez à la surjeteuse, en effectuant un point de 0,7 cm de large.

13 Repassez.

8 & 9 PROJETS

LE DUO Prisca

Inversion des manches d'une veste en jean homme et d'un pull en maille homme pour obtenir deux pièces du dressing féminin

On a échangé nos intemporels !

Qui n'a pas cette fameuse veste en jean oversize des années 90 et ce vieux tricot d'hiver qui commence à rendre l'âme ? Ils sont les premiers éléments pour ne pas ressembler à tout le monde. Mais, incapable de me séparer de mes chouchous, comment les rendre uniques ? Les mixer bien sûr ! Sans changer les corps, j'échange les manches et rapidement je redécouvre mes pièces fétiches avec un coup de jeune.

New York

Fournitures

- Un pull en maille homme
- Une veste en jean homme *

Réalisation

1 Coupez les manches du pull 1 cm après la couture d'emmanchure (côté corps).

2 Coupez les manches de la veste en jean 1 cm avant la couture d'emmanchure (côté manche).

3 Glissez les manches en maille dans les emmanchures de la veste en jean, endroit contre envers, en chevauchant les deux éléments sur environ 2-3 cm. Si besoin, ajustez la manche en fronçant la tête de manche, ou au contraire en étirant légèrement la maille (mais sans la déformer). Piquez sur les points de couture déjà existants.

**Vérifiez que les emmanchures des deux vêtements sont assez proches, mais il n'est pas essentiel qu'elles soient parfaitement identiques, car la maille, étant par définition extensible, s'adaptera facilement au corps coupé dans le jean.*

4 La valeur de couture de 1 cm dépassant de l'emmanchure sur la veste en jean, peut être laissée telle quelle ou bien effilochée pour donner un effet de style.

5 Épinglez les manches en jean le long des emmanchures du pull, endroit contre endroit et bord à bord. Piquez en cercle à 1 cm du bord, puis surfilez les deux valeurs de couture ensemble.

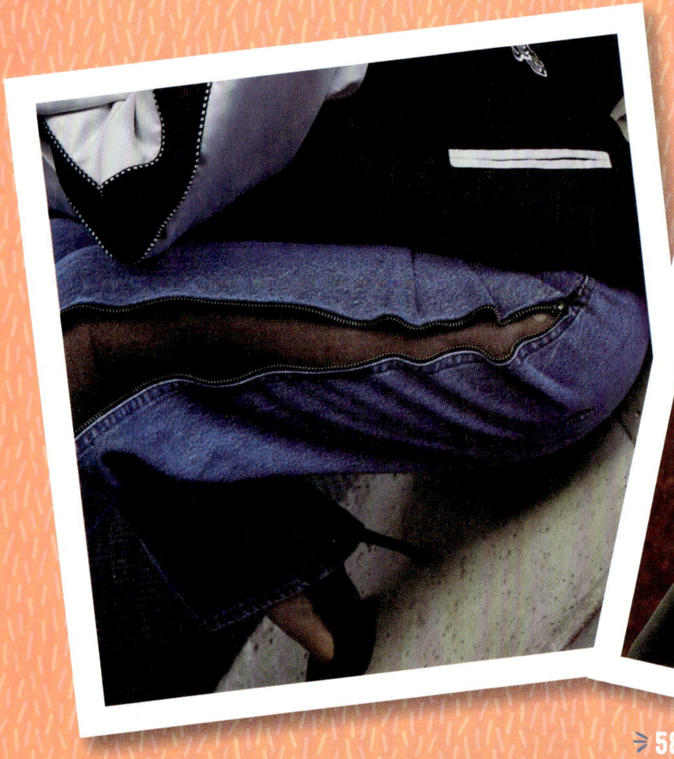

DEUX EN UN

PROJET 10

LE PULL
Tatiana

Transformation d'un pull et d'un jean en un pull customisé d'une poche et agrémenté d'une ceinture à la taille

2 en 1, c'est le concept à la mode. Vous ne comprenez pas de quoi je parle ? Alors imaginez : votre jean troué et usé que vous vous apprêtez à jeter. Pause... Non, ne le jetez pas ! Allez chercher votre pull, vous savez, celui que vous ne mettez plus depuis des mois et décortiquez votre pantalon, enfin ce qu'il en reste... poches, ceinture, etc. et réutilisez-les sur le pull. Je laisse votre imagination faire le reste. Quant à moi, j'ai gardé l'essentiel et le tour est joué, le mélange est parfait !

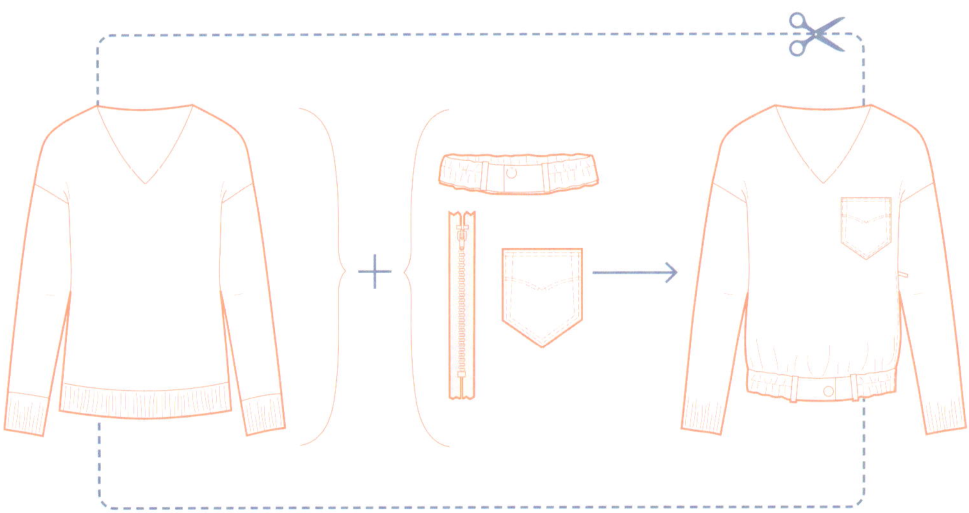

EW
ORK

Fournitures

- Un jean femme
- Un pull col V femme
- Une fermeture à glissière de 25 cm
- Un bouton-pression à coudre

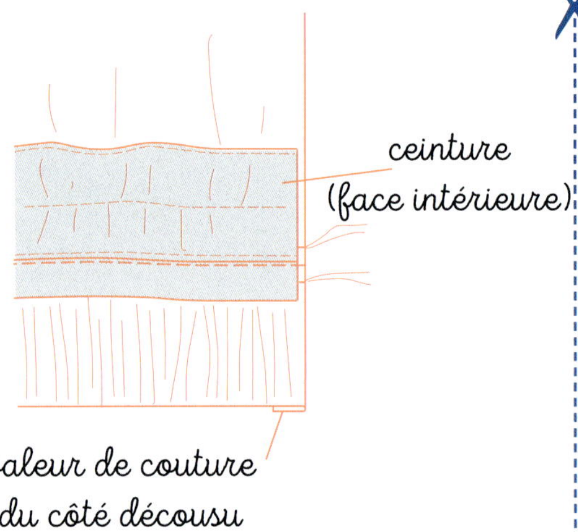

Réalisation

1 Coupez la ceinture du pantalon à 1 cm sous l'assemblage ceinture-pantalon.

2 Dépiquez le côté gauche du pull, sur 25 cm de haut.

3 Dépiquez la couture côté gauche de la ceinture en jean. Rentrez la valeur de couture de 1 cm à l'intérieur de la ceinture et fermez le bord à la main.

4 Piquez deux fils de fronces sur le pull, à 1 cm au-dessus du bord-côte. Tirez sur les fils jusqu'à ce que la circonférence du bas s'adapte à la mesure de la ceinture.

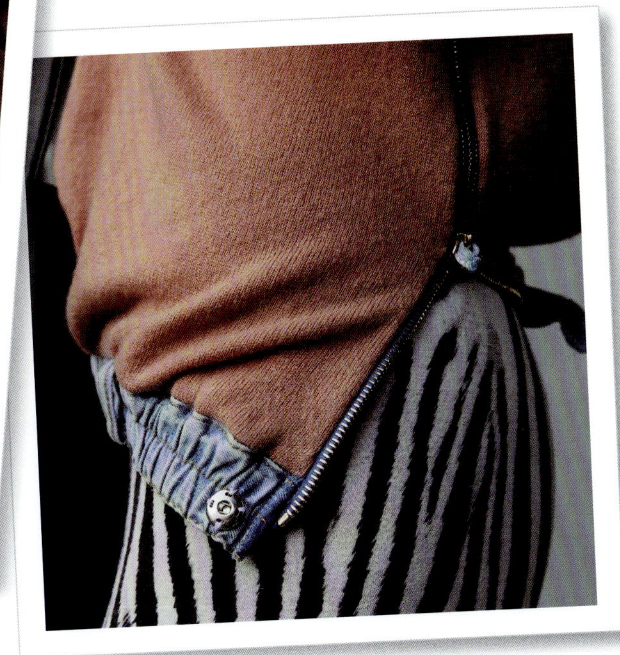

5 Épinglez la ceinture sur le bas du pull, endroit contre endroit. Posez la valeur de couture de la ceinture juste au-dessus du bord-côte, c'est-à-dire là où se trouvent les fronces. Piquez au ras de la ceinture en jean, de façon que la valeur de couture de 1 cm soit complètement invisible depuis l'endroit. Avec cet assemblage, l'ouverture boutonnée milieu devant du pantalon est condamnée. Retirez les fils de fronces visibles depuis l'endroit.

6 Coupez le bord-côte du pull en laissant une valeur de couture de 1 cm, tout comme sur la ceinture en jean, et surjetez les deux épaisseurs ensemble.

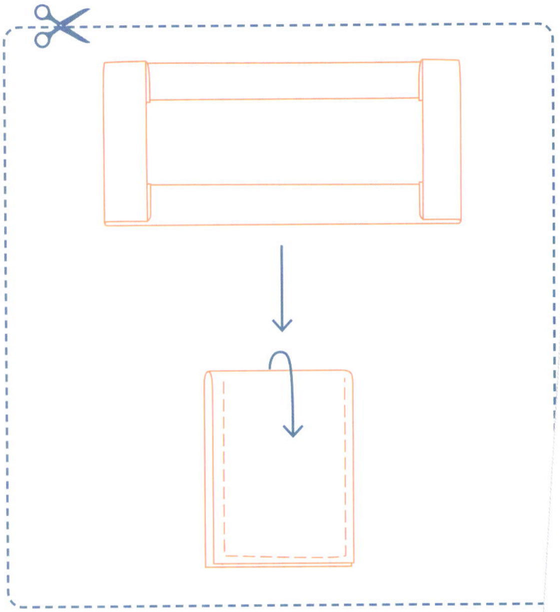

7 Assemblez la fermeture à glissière invisible le long de l'ouverture côté (cf. introduction technique p. 17). Placez l'arrêt métallique sur le bas juste avant la ceinture en jean. Sur le haut, l'arrêt métallique est positionné au ras de la couture côté. Attention au sens de la fermeture ; le curseur doit remonter (et non pas redescendre) pour pouvoir ouvrir le côté.

8 Dans le reste du pantalon en jean, coupez un rectangle d'environ 4 x 10 cm pour confectionner la patte de boutonnage sur le côté, au niveau de la ceinture.

Pliez le contour de la patte sur 1 cm vers l'envers. Pliez ensuite la patte en deux, envers contre envers, en mettant bord à bord le contour. Une fois repliée, la patte doit mesurer 2 x 4 cm. Surpiquez le contour. Posez cette patte sur le bord de la ceinture dos, juste en dessous de la fermeture à glissière. Faites chevaucher les deux éléments sur

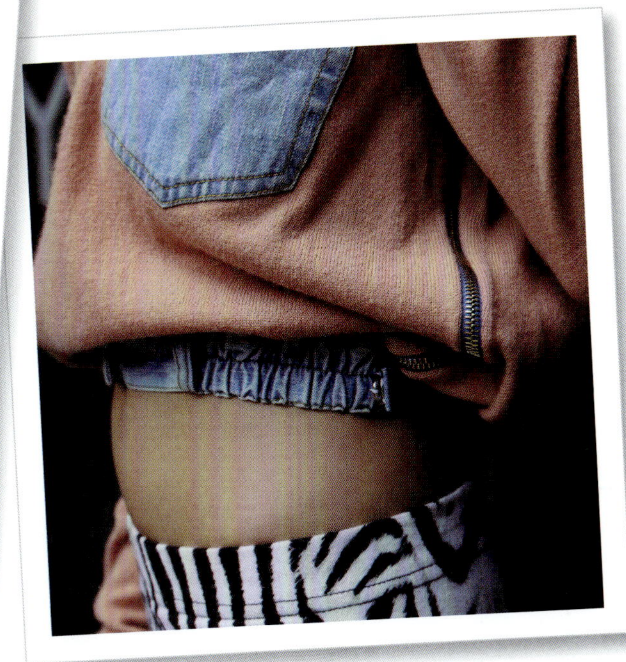

1,5 cm. Piquez solidement en traversant la patte et la ceinture. Fixez à la main une des deux parties du bouton-pression sous la patte. Fixez l'autre partie du bouton-pression en vis-à-vis le long de la ceinture devant, en ajustant sa position pour pouvoir fermer complètement la couture côté.

9 Dépiquez une poche du pantalon en jean. Posez-la sur le pull en maille, au niveau de la poitrine, et repiquez le contour en passant dans les points déjà existants.

11 PROJET

LE HAUT Rosine

Fusion d'une chemise et d'un sous-pull en un seul élément

À la mi-saison, j'aime m'habiller léger, mais je protège mon cou sans me surcharger de couches de vêtements. Ma petite astuce pour ne pas m'embêter tout en restant jolie ? Intégrer un col à une de mes chemises préférées. Pour cela, je recycle un sous-pull, le découpe en forme de plastron et l'assemble ni vu ni connu à la chemise !

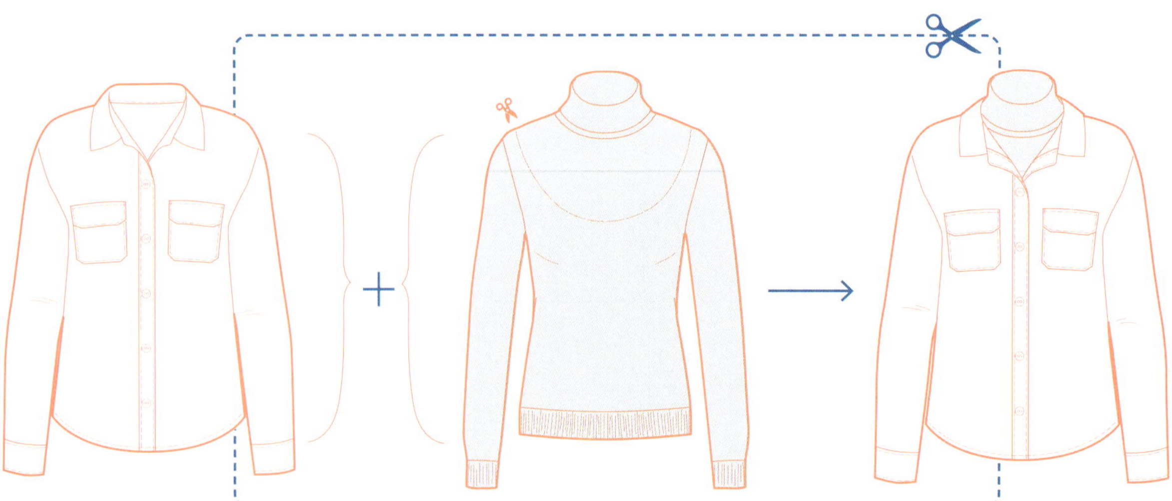

TOKYO

Fournitures

- ➡ Une chemise femme
- ➡ Un sous-pull à col roulé femme

Réalisation

1 À l'aide d'une craie tailleur ou d'un feutre effaçable, tracez une découpe arrondie sur le devant et le dos du sous-pull, de façon a conserver uniquement la partie supérieure avec le col roulé. Faites en sorte que le tracé soit le plus large possible. Il faut donc passer au plus près des coutures côtés et descendre un maximum sur les milieux devant et dos.

2 Coupez sur le trait et surfilez le bord.

3 Enfilez le sous-pull sur vous ou sur un mannequin, puis enfilez la chemise par-dessus. Dégagez un maximum l'encolure de la chemise. Pour cela, pliez le col et les bords devant de façon à dessiner un « col tailleur ».

4 Épinglez la chemise sur le sous-pull à l'endroit de la cassure du col. Si le vêtement n'est pas posé sur un mannequin, il faudra peut-être que vous demandiez de l'aide à une tierce personne pour épingler.

5 Retirez le vêtement et vérifiez que les deux côtés sont parfaitement symétriques. Passez un fil de bâti pour pouvoir retirer les épingles.

6 Piquez le long du fil de bâti, toujours au niveau de la cassure du col, pour assembler le sous-pull et la chemise.

12 PROJET

LE JEAN
Emma

Customisation d'un jean basique en un jean original composé de fentes zippées sur les côtés et de quilles en tulle pailleté.

Qui ne rêve pas d'un vêtement aussi bien adapté de jour au travail que de nuit en soirée ? Sans même avoir besoin de se changer ? Vraiment ? OUI !

Quoi de mieux qu'un pantalon en jean slim taille haute et d'un tissu à paillettes transparent en résille pour me transformer en quelques secondes ! Je change mon style, du slim au pantalon pattes d'éléphant sexy, et me voilà prête à danser ! Comment ai-je fait ? Un jeu d'enfant !

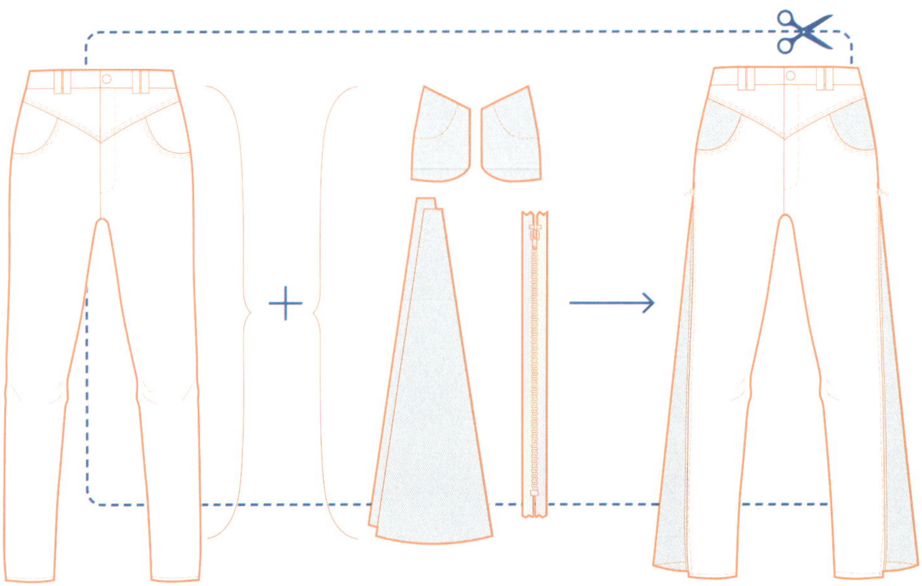

Fournitures

- Un jean
- Du tulle pailleté
- 2 fermetures à glissière de 90 cm

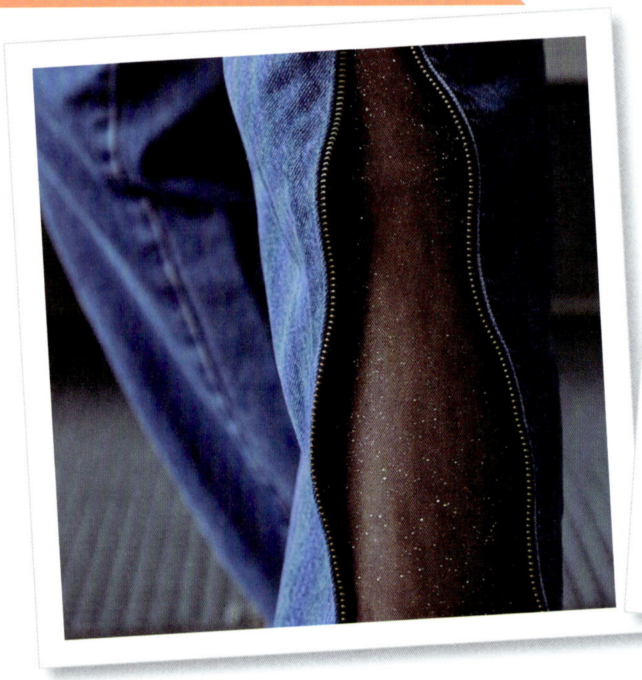

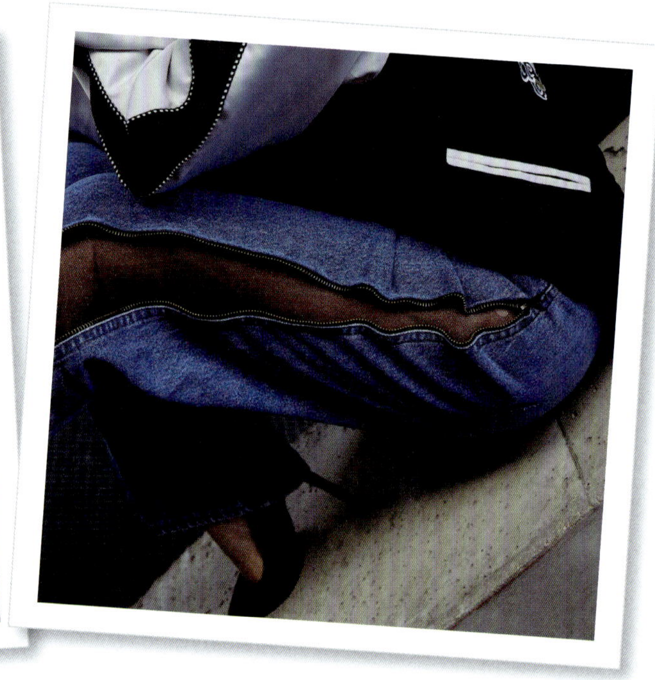

Réalisation

Les quilles

1 Dépiquez la couture côté des deux jambes du pantalon sur 92 cm.

2 Assemblez la fermeture à glissière le long de l'ouverture des côtés (cf introduction technique p. 17). Placez la fin du ruban sur le bas juste avant l'ourlet du jean. Sur le haut, l'arrêt métallique est positionné au ras de la couture côté. Attention au sens de la fermeture ; le curseur doit remonter (et non pas redescendre) pour pouvoir ouvrir le côté.

NB : Il sera peut-être nécessaire de cranter la valeur de couture à l'intersection entre la couture côté et l'ouverture, pour que vous puissiez écarter les valeurs de couture et poser facilement la fermeture à glissière.

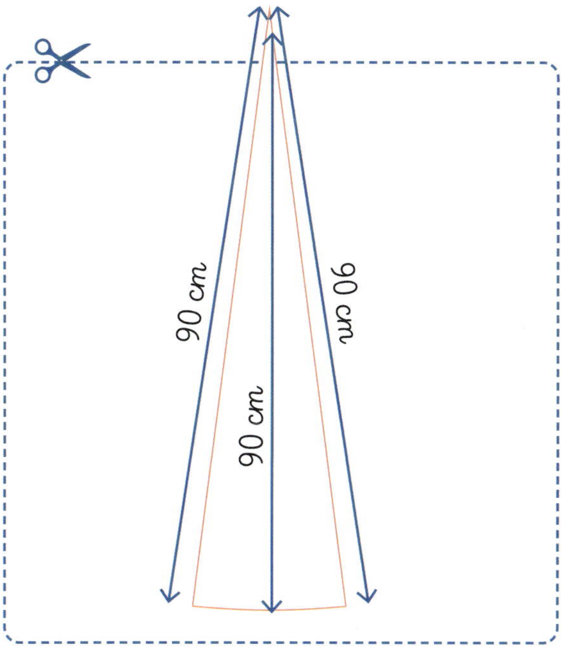

3 Tracez le gabarit de la quille sur du papier. Il s'agit d'un triangle dont deux côtés mesurent 90 cm et dont la base mesure 20 cm. Pour une quille plus large, vous pouvez augmenter la mesure à la base. Ajoutez 1 cm de marge de couture uniquement sur les deux grands côtés.

4 Épinglez le gabarit sur le tulle et coupez deux fois.

5 Épinglez les deux grands côtés de chaque quille le long de l'ouverture des jambes, endroit contre endroit, en prenant les rubans de la fermeture à glissière entre les deux épaisseurs. Piquez à 1 cm le long de la couture précédente, en s'arrêtant là où commence la couture côté.

6 Couchez les marges de couture vers le pantalon en jean, c'est-à-dire à l'opposé des quilles. Surpiquez des deux côtés de l'ouverture en prenant uniquement le jean et le ruban de la fermeture à glissière pour éviter que le tulle ne s'accroche aux dents métalliques, lorsque la fermeture va coulisser. Piquez en vous rapprochant le plus possible de la couture côté, sur le haut.

7 Surpiquez solidement à l'intersection entre la couture côté et l'ouverture pour solidifier le montage.

8 Repiquez les ourlets de part et d'autre de l'ouverture, car la couture a été fragilisée au moment de découdre les côtés.

La customisation des poches

1 Sur du papier de coupe, reportez par transparence l'empreinte du sac de poche et coupez sur le trait.

2 Coupez deux fois cette pièce en miroir dans le tulle. Cette matière ne s'effilochant pas, il n'est pas nécessaire d'ajouter une valeur de couture.

3 Épinglez les pièces en tulle sur le jean à leur emplacement, en alignant parfaitement le contour et faites un point discret à la main en utilisant un fil assorti.

13 PROJET

LA VESTE *Audrey*

Personnalisation d'une veste militaire en l'agrémentant d'un empiècement dos et d'un rabat de poche à sequins

L'indémodable veste kaki à poches ! Je l'adore, mais j'y ajoute ma touche : en ce moment, mon truc, ce sont les paillettes. Et vous ? Je n'ai qu'à prendre les empreintes des éléments de veste que je veux personnaliser et un peu comme par magie, ou plutôt grâce à mes petites mains et ma machine à coudre, je transforme cette veste classique en une veste unique !

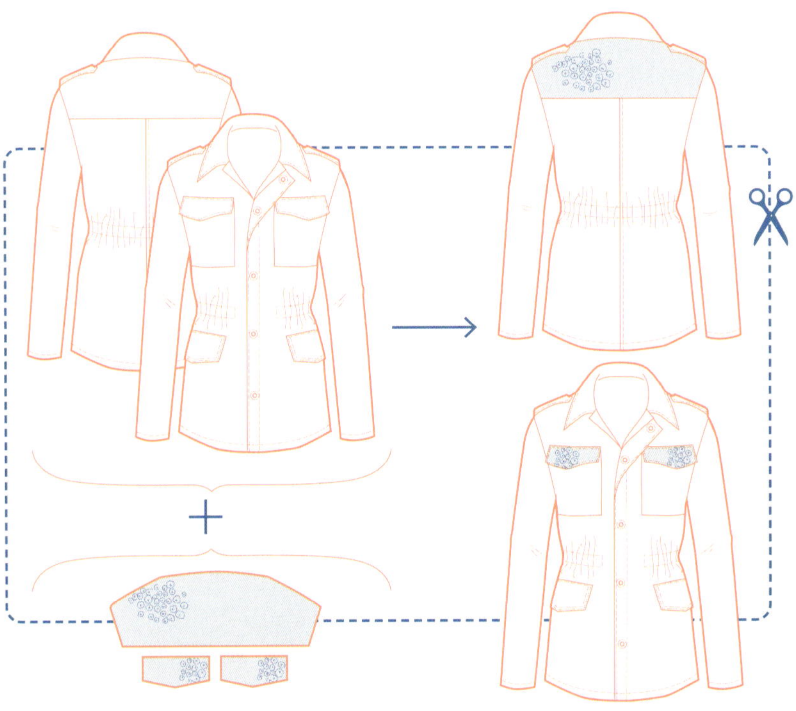

Fournitures

- Une veste style militaire femme
- Un vêtement à sequins

Réalisation

1 Sur du papier de coupe transparent, reportez par transparence l'empreinte du rabat de poche et de l'empiècement dos de la veste militaire.

2 Ajoutez 1 cm de valeur de couture tour autour.

3 Posez les pièces sur le vêtement à sequins et coupez 1 fois les deux éléments.
Rabattez le contour des pièces coupées dans les sequins de 1 cm vers l'envers, puis posez-les sur la veste militaire, à leur emplacement et faites un point solide à la main.

ACCESSOIRES

14 PROJET

LE TOTE-BAG
Boris

Transformation d'une veste militaire basique en un tote-bag pratique comportant de multiples poches

Une veste abandonnée sur le porte-manteau depuis le service militaire de l'oncle Jean... Cette veste beaucoup trop 1er degré ne pourrait-elle pas me servir ? Le motif militaire est indémodable et les tote-bags aussi. Vous pensez à ce que je pense ? Je détourne tous les éléments, garde leur utilité et hop ! Voilà un tote-bag avec des poches extérieures. Aussi contemporain que pratique !

Fourniture

→ Une veste militaire homme

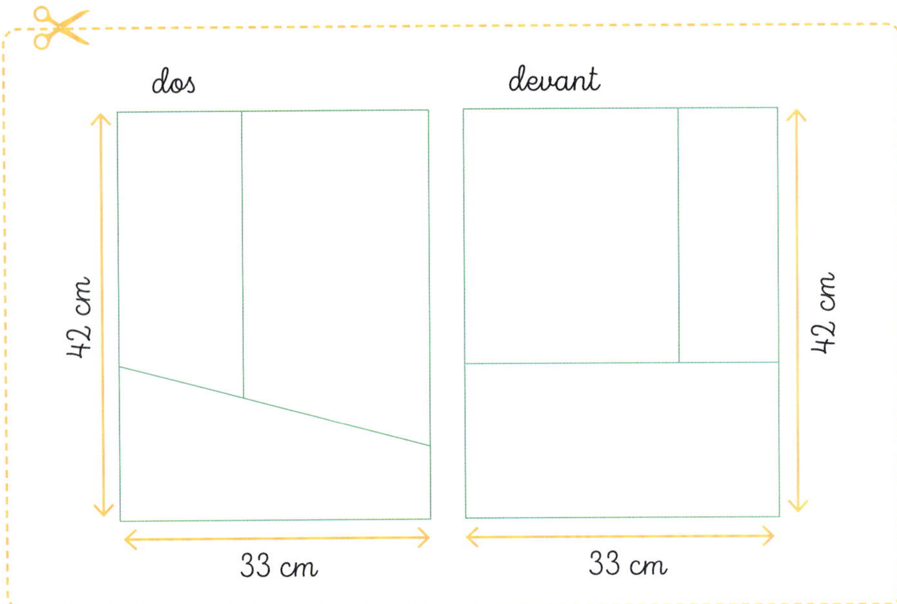

Réalisation

1 Dépiquez les différentes poches plaquées de la veste militaire.

2 Sur du papier de coupe, tracez le gabarit du corps du sac. Il s'agit d'un rectangle de 42 cm de haut x 33 cm de large. Dessinez des découpes au centre selon votre envie. Si vous avez décidé de faire des découpes différentes sur les corps devant et dos, alors réalisez deux gabarits bien distincts.

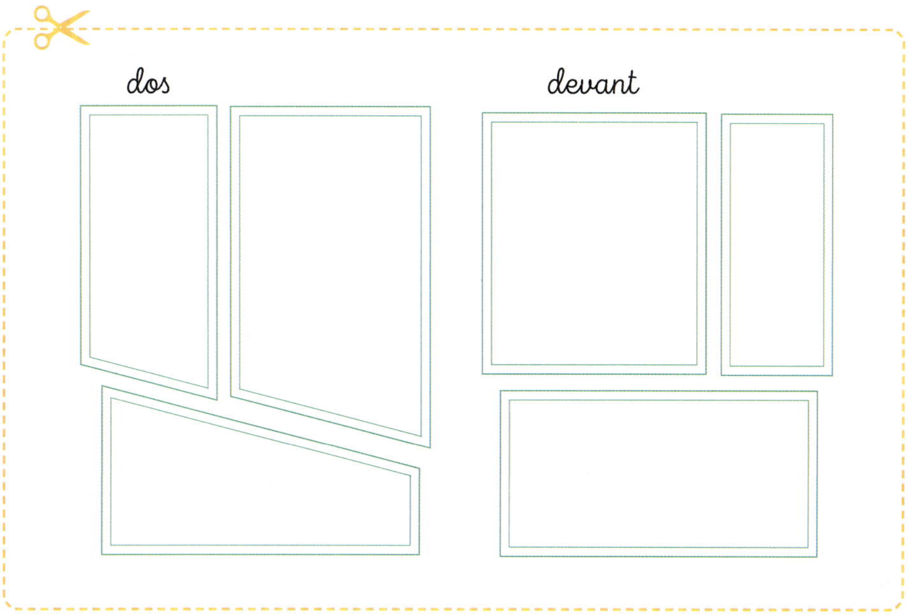

3 Reportez chacune des pièces composant le corps sur un nouveau papier de coupe. Ajoutez 1 cm de valeur de couture tout autour.

4 Sur du papier de coupe, tracez à présent le gabarit de l'anse. Il s'agit d'un rectangle de 3,5 cm de large x 70 cm de long. Ajoutez 1 cm de marge de couture tout autour.

5 Coupez les différents éléments dans la veste militaire. Pour le corps, si les gabarits sont identiques pour le devant et le dos, alors coupez 2 fois les pièces. Si les pièces sont différentes, coupez 1 fois seulement toutes les pièces. Pour les anses, coupez 4 fois le gabarit en le posant sur le corps ou bien le long de la patte de boutonnage, si la veste en est pourvue.

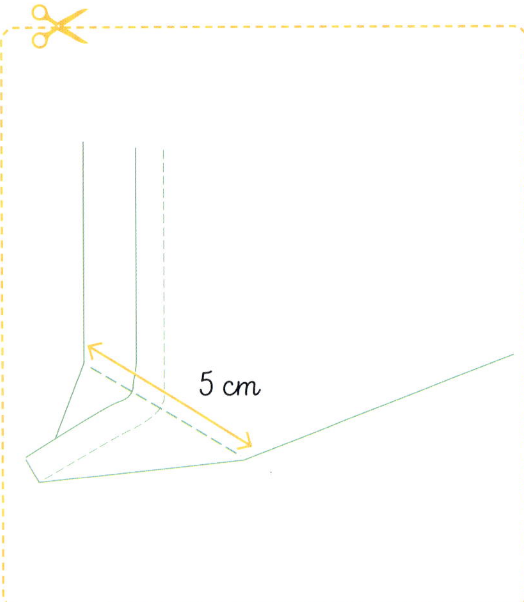

6 Assemblez les différentes pièces composant le devant et le dos du sac, endroit contre endroit. Vous pouvez surpiquer les découpes, si vous le souhaitez.

7 Placez vos poches sur le devant ou le dos et piquez le contour comme à l'initiale, sur la veste militaire.

8 Superposez le dos et le devant du sac, endroit contre endroit. Piquez les deux côtés mesurant 42 cm et un côté mesurant 33 cm. Surfilez les bords et couchez-les au fer d'un côté.

9 Conservez le sac sur l'envers. Pincez les deux angles, de part et d'autre du fond de sac, de façon à superposer la couture côté avec la couture du fond, endroit contre endroit. Piquez sur 5 cm de large pour former un triangle. Cette couture permet d'obtenir un fond de sac.

10 Sur le haut du sac, faites un double rentré de 1 cm et surpiquez.

11 Superposez les anses deux par deux, endroit contre endroit. Piquez les deux longs côtés. Laissez les deux petits côtés ouverts. Retournez sur l'endroit et repassez.

12 Effectuez un rentré de 1 cm aux deux extrémités et faites un point à la main.

13 Surpiquez les deux longs côtés.

14 Posez les extrémités des anses sur le haut du devant et du dos, en chevauchant les deux éléments sur environ 1,5 cm. Attention à ne pas vriller les anses. Piquez pour fixer les anses.

15 PROJET

LE TOP
Anaïs

Détournement d'un foulard en top, en variant simplement la manière de le nouer.

Et si je le nouais derrière la nuque ? Ou aux omoplates ? Et en nœud papillon ? En bustier ?

Finalement, mon problème, c'est le choix. Si un carré de tissu peut faire mon bonheur, imaginez-le sur vous. Et créez votre propre façon de le porter. En attendant, je vous en montre quelques exemples.

Rentable, original, moderne... Que demander de plus ? Un autre foulard !

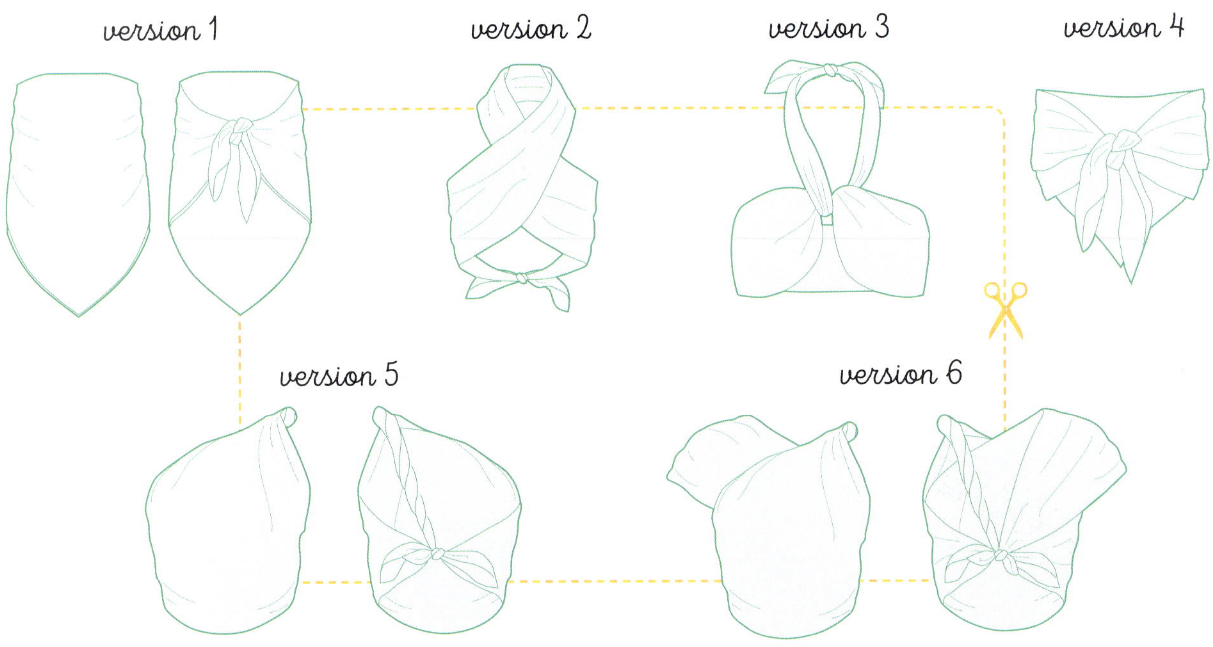

Fourniture

→ Un foulard de grandes dimensions

Réalisation

Voici 6 façons de réaliser un top avec un foulard.

Version 1

Pliez le foulard en deux, envers contre envers, dans la diagonale pour former un triangle.

Posez le foulard contre votre poitrine, la pointe tournée vers le bas et nouez les deux extrémités dans le dos.

Version 2

Pliez le foulard en deux, envers contre envers, dans la diagonale pour former un triangle.

Enroulez le foulard sur lui-même pour effacer la pointe.

Passez le milieu du foulard derrière la nuque. Croisez les deux pans du foulard sur le devant, au niveau de la poitrine.

Repassez les pans dans le dos et nouez les deux extrémités.

Version 3

Pliez le foulard en deux, envers contre envers, dans la diagonale pour former un triangle.

Enroulez le foulard sur lui-même pour effacer la pointe.

Passez le milieu du foulard dans le dos.

Prenez les deux pans du foulard et ramenez-les devant en recouvrant la poitrine.

Faites un nœud au niveau du thorax, puis nouez le reste des deux pans derrière la nuque.

Prenez les deux pans du foulard et ramenez-les devant en recouvrant la poitrine.

Faites un nœud au niveau du thorax, puis nouez le reste des deux pans derrière la nuque.

Version 4

Pliez le foulard en deux, envers contre envers, dans la diagonale pour former un triangle.

Pliez à nouveau le foulard en ramenant la pointe de l'autre côté de la pliure.

Placez le milieu du foulard dans le dos.

Ramenez les deux pans sur le devant tout en recouvrant la poitrine.

Faites un nœud solide entre les deux seins.

Pliez à nouveau le foulard en ramenant la pointe de l'autre côté de la pliure.

Placez le milieu du foulard dans le dos.

Ramenez les deux pans sur le devant tout en recouvrant la poitrine.

Faites un nœud solide entre les deux seins.

Version 5

Pliez le foulard en deux, envers contre envers, dans la diagonale pour former un triangle.

Basculez la pliure sur le bas et placez le milieu du foulard sur le devant en recouvrant la poitrine. La pointe du foulard se trouve au-dessus de la poitrine.

Prenez la pointe milieu du foulard et torsadez-la en direction d'une des épaules.

Basculez les deux pans des côtés vers le dos.

Nouez dans le dos les trois extrémités du foulard ensemble.

Version 6

Pliez le rectangle en deux dans la diagonale du foulard.

Nouez le foulard autour de votre taille. Faites un nœud simple dans le dos avec les pointes 1 et 2.

Passez la pointe 3 au-dessus de l'épaule droite et nouez-la avec la pointe 1. Dépliez le foulard de façon à recouvrir l'épaule droite.

Passez la pointe 4 au-dessus de l'épaule gauche en la torsadant, puis nouez-la avec la pointe 2, dans le dos.

PEFC
PEFC/18-32-03
Certifié PEFC
Ce produit est issu de forêts gérées durablement et de sources contrôlées
www.pefc-france.org

Direction d'édition : Nathalie Viard
Édition : Marion Pellé
Création, réalisation et explications : Les P'tites Mains de Paris
Photographies : Pauline Rimbaud
Stylisme : Clémence Caurette
Relectrice technique : Marion Pestre
Correction-révision : Isabelle Misery
Conception graphique, mise en pages et couverture : Claire Morel Fatio

Éditions Marie Claire
Publiées par Société d'Information et de Créations - SIC
Une société de Marie Claire Album
10 bd des Frères Voisin - 92792 Issy-les-Moulineaux CEDEX 9 - France
Tél. 01 41 46 88 88
RCS Nanterre 302 114 509
SARL au capital de 822.000 euros

N° Éditeur : 38369
ISBN : 979-10-323-0887-5
Imprimé par Elcograf, S.p.A., Vérone, Italie
Dépôt légal : mai 2023